Inhaltsverzeichnis

Anmerkung: Liebe Lehrkraft, wir möchten in unseren Materialien niemanden benachteiligen oder diskriminieren. Daher nutzen wir unter anderem das Gendersternchen, um alle Geschlechter anzusprechen. In Texten für Schüler*innen verzichten wir jedoch aus Gründen der besseren Lesbarkeit darauf und nutzen weiterhin entweder die „neutrale" Form oder Doppelformen. Selbstverständlich sind stets alle Geschlechter gemeint.

Vorbemerkungen

Zum Lesen allgemein, Tipps und Tricks

Viele Kinder – und auch Erwachsene – können sich Texte nur mit großer Anstrengung oder gar nicht erschließen.
Die IGLU-Studie 2023 hat dies eindrucksvoll gezeigt. **Lesen** ist aber nicht nur der **Schlüssel zu Bildung,** sondern ermöglicht auch eine **gleichberechtigte Teilhabe am Alltag.** Wer nicht lesen kann, kann zum Beispiel keine Gebrauchsanweisungen entziffern oder nicht so einfach Bus fahren, weil der Fahrplan nicht entschlüsselt werden kann. Selbst das Unterschreiben von Dokumenten kann nicht oder nicht adäquat erfolgen, weil der dazugehörige Text nicht gelesen werden kann. Und nicht zuletzt entfällt die gesamte Welt an Comics, Romanen und Krimis, die den Blickwinkel erweitern und die Fantasie anregen – und auch die Fähigkeit des Entschlüsselns informativer Texte und damit die Möglichkeit, sich **Wissen anzueignen.**
Gerade lebensnahe, spannende und auf die Lebenswelten von Kindern zugeschnittene Texte sind der Grundstein für den Erwerb von Lesekompetenzen. Es gibt also Gründe genug, solche Texte Einzug in den Unterricht finden zu lassen! Im Zuge der IGLU-Studie soll Leseförderung nun fächerübergreifend fest im Unterricht verankert werden. Bewährt hat es sich, dass die Schüler*innen drei- bis fünfmal pro Woche je 20 Minuten lang lesen – unabhängig vom Deutschunterricht. Dies stärkt nachweislich das **flüssige Lesen,** die **Dekodierfähigkeit** von Wörtern und das **Leseverständnis.**
Das vorliegende Material bietet eine **Auswahl an unterschiedlichen Texten und Textformen,** die genau darauf ausgelegt sind: Sie nehmen bzgl. der Wortanzahl und des Schwierigkeitsgrades zu, sind auf die Lebenswelten und Interessen der Kinder ausgelegt und wecken die Freude am (Weiter-)Lesen.
Um die **20 Minuten Leseförderung im Unterricht** anzubahnen, bietet sich zunächst der Deutschunterricht an. Hier kann der Lesestand von allen Kindern ermittelt und die **Methoden zur Leseförderung** (s. u.) können geübt und gefestigt werden. Anschließend sollte die Leseförderung fachunabhängig ausgeweitet werden – für ein positives Ergebnis sollten die Kinder mindestens dreimal pro Woche und mindestens 15 Minuten lang lesen. Die Methoden eignen sich ebenso für DaZ-Kinder sowie Kinder mit LRS.

Ermittlung der Lesegeschwindigkeit und -genauigkeit

Eine gute Vorbereitung der Leseförderung seitens der Lehrkraft ist besonders wichtig. Diese sollte zunächst die **Lesegeschwindigkeit und -genauigkeit der Schüler*innen ermitteln.** Dazu kann sie die Schüler*innen bspw. eine Minute lang den jeweils gleichen Text lesen lassen und markiert sich dabei alle falsch oder holperig gelesenen Wörter. Anhand dessen teilt sie die Klasse in zwei Gruppen ein: Die erste Gruppe setzt sich aus dem schnellsten und besten Leser bis zum oberen Mittelfeld zusammen und die zweite Gruppe aus dem unteren Mittelfeld bis zum schwächsten Leser. Anhand dieser Einteilung können die Schülerpaare für die im Anschluss vorgestellten Methoden zusammengestellt werden.

Lesemethoden

Im Folgenden werden die verschiedenen **Lesemethoden kurz vorgestellt,** nach denen die Schüler*innen in den 20 Minuten Lesezeit gefördert werden können. Bei der Textauswahl wurde darauf geachtet, dass kein Text mehr als 200 Wörter umfasst, sodass es den Schüler*innen möglich ist, ihn innerhalb von 20 Minuten mehrfach zu lesen. Die Texte sind nach Textart und Anzahl der Wörter und damit aufsteigendem Schwierigkeitsgrad sortiert.

Tandemlesen

Beim **Tandemlesen** finden sich immer zwei Schüler*innen zusammen. Sie bestehen aus **einem stärkeren und einem schwächeren Leser,** die „Trainer“ und „Sportler“ sind. Es bietet sich an, aus den beiden Gruppen jeweils die Kinder mit den besten Lesefähigkeiten zu kombinieren, dann die etwas schwächeren und so weiter. So ist das Leistungsgefälle zwischen den Schüler*innen nicht zu groß. Auf diese Weise werden alle Paare zusammengestellt.

Die Schüler*innen erhalten einen Text und **lesen ihn gemeinsam halblaut.** Dabei fährt der Trainer den Text mit dem Finger nach und passt sich dem Lesetempo des Sportlers an. Bei Fehlern verbessert der Trainer den Sportler und unterstützt ihn. Hat der Sportler einen Fehler gemacht, wird der Satz erneut gelesen und das falsch gelesene Wort verbessert. Wenn der Sportler sich sicher fühlt, gibt er dem Trainer ein Zeichen und liest allein weiter – bis er erneut einen Fehler macht. Dann steigt der Trainer wieder mit ein, bis der Sportler allein weiterlesen möchte. **So wird der Text insgesamt mindestens viermal gelesen.** Dadurch prägen sich die Wörter besser ein und können später auch in anderen Texten leichter dekodiert werden. Durch das halblaute Lesen werden Fehler direkt sichtbar gemacht und können verbessert werden.

Ein besonders wichtiger Punkt ist das **Loben:** Hat der Sportler gut gelesen und seine Leistung verbessert, ist der Trainer angehalten, ihn zu loben.

Chorisches Lesen

Beim **chorischen Lesen trägt zunächst die Lehrkraft den Text einmal vor. Dann** liest die **gesamte Klasse gemeinsam** den Text. Dabei übernimmt die Lehrkraft die Führung und bestimmt das Tempo. Es ist wichtig, während des Lesens alle Kinder im Blick zu behalten und, wenn nötig, Unterstützung zu geben.

Alle **starten auf ein Signal** der Lehrkraft (z. B.: „Drei, zwei, eins!“) mit dem Lesen. Die Schüler*innen lesen nur so laut, dass sie die Lehrkraft noch hören können, und verfolgen den Text mit dem Finger. Es wird ein **Pausensignal** (z. B.: „Stopp!“) vereinbart, damit beispielsweise umgeblättert werden kann oder schwierige Stellen besprochen werden können. So wird außerdem sichergestellt, dass alle Kinder mitkommen. Anstelle der Lehrkraft kann auch ein Kind Lesechef*in sein und die Signale geben.

Tipp: Weitere Infos zu dieser und anderen Lautlese-Methoden finden Sie unter:
www.biss-sprachbildung.de/biss-lesefoerderung-hamburg/

Leserakete: Dies ist eine Lesehilfe für die Kinder. Wenn sie auf festeres Papier kopiert und ausgeschnitten wird, hilft sie dabei, in der Zeile zu bleiben und Wort für Wort zu lesen.

Wackelzahn

84 Wörter

Lara hat einen Zahn, der wackelt.
Laras großer Bruder Nick fragt:
„Soll ich den Zahn ziehen?“

Lara macht schnell den Mund zu.
„Angsthase!“, ruft Nick und grinst.
„Blödmann!“, schimpft Lara.

Da hat Laras Mama eine Idee:
„Komm, wir gehen zu Doktor Knoll.
Der kann dir den Zahn ziehen.“

Aber Lara schreit laut: „Nein!
Das mache ich lieber selbst.“
Lara zieht und wackelt an ihrem Zahn.

Ups! Schon ist der Zahn draußen.
Jetzt hat Lara eine Zahnlücke.
Sie sieht aus wie eine kleine Hexe.

von Maria Schmetz

Brillenschlange

93 Wörter

Betty kann schlecht lesen.
Der Arzt verschreibt ihr eine Brille.
Die Brille gefällt Betty sehr gut.

Endlich kann Betty im Lesebuch lesen.
In der Schule sitzt Esra neben ihr.
Sie sagt zu Betty: „Super, deine Brille!"

Aber Boris ruft: „Betty – Brillenschlage!"
Betty hat Tränen in den Augen.
Esra sagt zu Boris: „Du bist gemein!"

Am nächsten Tag muss Boris vorlesen.
Boris liest langsam. Er macht viele Fehler.
Sein Lehrer fragt: „Brauchst du eine Brille?"

Bald darauf hat Boris auch eine Brille.
Betty ruft: „Boris – Brillenschlage!"
Boris lacht und sagt: „Brillen sind cool!"

GESCHICHTEN

von Maria Schmetz

Besuch bei Oma

109 Wörter

Finja und Malte warten auf den Bus.
Sie dürfen allein zur Oma fahren.
Der Bus hält und die Kinder steigen ein.

Der Bus fährt los und bald sind sie da.
Oma Lene wartet schon auf die beiden.
Zusammen gehen sie zu Omas Haus.

Im Haus ist alles alt: Sofa, Tisch und Ofen.
Oma hat einen Apfelkuchen gebacken.
Malte strahlt: „Hmm! Apfelkuchen!“

Oma Lene hat auch eine Katze: Beo.
Die Kinder dürfen Beo streicheln und füttern.
Dann gehen sie mit Beo in den Garten.

Die Zeit bei Oma Lene geht schnell vorbei.
Am Abend holt Papa die Kinder wieder ab.
„Kommt bald wieder!“, ruft Oma und winkt.

GESCHICHTEN

von Maria Schmetz

Marvin, der Mutige

111 Wörter

Marvin ist nicht sehr groß.
Marvin ist nicht sehr stark.
Aber Marvin ist sehr mutig.

Marvin geht in den dunklen Keller.
Dort holt Marvin allein Kartoffeln.
Marvin hat keine Angst vor Gewitter.
Bei Gewitter hüpft er im Bett herum.

Marvin geht gerne ins Schwimmbad.
Dort springt er vom Fünf-Meter-Brett.
Marvin fängt sogar dicke Spinnen.
Die trägt er auf der Hand nach draußen.

Marvin klettert über Mauern und Zäune.
Und er klettert gerne auf hohe Bäume.
Marvin hat auch keine Angst vor Bienen.
Weil er ruhig bleibt, stechen sie ihn nicht.

Marvin fürchtet sich vor nichts und niemand.
Außer – wenn seine Tante Luise kommt
und Marvin dann küssen will.

Geschichten

von Maria Schmetz

Kopfkino

112 Wörter

Krischan will Fußball spielen.
Er fragt Moritz. Aber der hat keine Zeit.
Krischan denkt: Schade! Was nun?

Krischan schließt die Augen.
Da sieht er ein Tor und einen Fußball.
Im Tor steht ein Junge: Pedro.

Krischan und Pedro spielen Fußball.
Krischan rennt und zielt auf das Tor.
Pedro springt und fängt den Ball.

Krischan schießt immer wieder.
Zack – ein Ball fliegt ins Tor!
Krischan springt hoch und ruft: „Tor!“

Moritz ruft an: „Jetzt kann ich kommen.“
Krischan freut sich und sagt: „Prima!
Ich habe gerade ein Tor geschossen.“

Moritz fragt erstaunt: „Du hast was?“
„Ein Tor geschossen!“, ruft Krischan.
„War das ein Witz?“, fragt Moritz.
Krischan lacht: „Das war mein Kopfkino.“

GeSCHICHTeN

Sperrmüll

112 Wörter

Geschichten

Hannes geht die Straße entlang.
Da liegt Gerümpel. Heute ist Sperrmüll.
Hannes schaut sich die Sachen an.

Was hängt da aus der braunen Kiste?
Oh! Das ist ja ein alter Teddy!
Er ist schmutzig und hat nur ein Auge.

Hannes denkt: Das macht nichts.
Er klemmt den Teddy unter den Arm
und nimmt ihn mit nach Hause.

Mama ist noch nicht zurück.
Hannes nimmt ein Stück Seife.
Er wäscht den Teddy und föhnt ihn.

Da – Mama kommt nach Hause.
Hannes zeigt ihr seinen neuen Teddy.
Mama sagt: „Der braucht neue Augen."

Mama sucht Knöpfe und näht sie fest.
Hannes gibt Mama einen dicken Kuss.
Er hüpft mit dem Teddy durchs Zimmer.

von Maria Schmetz

Lasse will ein Baumhaus

125 Wörter

Lasse wünscht sich ein Baumhaus.
Aber sein Papa hat leider wenig Zeit.
Er sagt: „Warte, bis Opa kommt.“

Bald darauf kommt Opa vorbei. Lasse ruft:
„Opa, ich wünsche mir ein Baumhaus!“
Opa sagt: „Dann fangen wir gleich an.“

Die beiden holen im Schuppen eine Leiter.
Da liegen auch Bretter und Nägel.
Im Garten suchen sie einen Baum aus.

Opa befestigt die Bretter für den Boden.
Lasse hält die Leiter fest und schaut zu.
Dann reicht er die Bretter für die Wände hoch.

Opa hämmert. Bald ist auch das Dach fertig.
Nun besichtigt Lasse sein Baumhaus.
Lasse strahlt: „Danke, lieber Opa! Danke!“

Da fährt Jens vorbei. Er steigt vom Rad.
„Supertoll, dein Baumhaus“, ruft Jens.
„So einen Opa hätte ich auch gerne.“

GESCHICHTEN

Kiran soll aufräumen

135 Wörter

„Kiran, räum endlich dein Zimmer auf!“, ruft Mama.
„Deine Bude sieht aus wie ein Saustall.“
Kiran verdreht die Augen. Aufräumen – so ein Quatsch!
Sein Zimmer ist doch prima, genauso, wie es ist.

Hunderte Bausteine liegen auf dem Fußboden herum.
Immer, wenn Kiran Lust hat, kann er damit weiterbauen.
Hefte und Schulbücher liegen unter dem Kleiderschrank.
Da stören die ganzen Schulsachen wenigstens nicht.

Kirans Spielzeug-Figuren sind im Bücherregal aufgebaut.
Da können die Dinos mit den Ritter-Figuren spielen.
Auch Turnschuhe liegen herum. Das findet Kiran bequem.
Wenn er Fußball spielen will, braucht er nicht lange suchen.

Hinter der Zimmertür liegt Leo, Kirans alter Stofflöwe.
Leo passt immer auf, wenn Kiran nicht im Zimmer ist.
„Kiran, hast du aufgeräumt?“, ruft Mama nach einer Weile.
„War nicht nötig,“ sagt Kiran. „Bei mir ist alles in Ordnung.“

GESCHICHTEN

von Maria Schmetz

Tina tobt

138 Wörter

So ein Mist! Tina hat verschlafen.
Sie muss ohne Frühstück zur Schule.
Vom Bus sieht sie nur noch die Rücklichter.

Tina kommt zu spät. Die Lehrerin schimpft.
Tina soll an der Tafel eine Aufgabe rechnen.
Tina ist aufgeregt. Sie weiß nicht weiter.

Anschließend schreiben sie ein Diktat.
Tina hat nicht geübt. Sie schielt zu Tom rüber.
Aber Tom lässt sie nicht abschreiben.

In der großen Pause wird Tina geschubst.
Sie fällt auf den Boden. Ihr Knie blutet.
Tina sitzt da und weint. Niemand hilft ihr.

Alles geht schief, denkt Tina: verschlafen,
Bus weg, doofes Diktat, blutiges Knie …
Traurig macht sie sich auf den Heimweg.

Zu Hause fragt Mama: „Tina, was ist los?“
Tina schreit und tobt: „Heute geht alles schief!“
Mama nimmt Tina in den Arm und sagt:
„Komm, wir beide gehen ein Eis essen.“

GESCHICHTEN

von Maria Schmetz

Tiger Tom will nicht schlafen

138 Wörter

Robin ist kein bisschen müde.
Papa sagt: „Kinder brauchen viel Schlaf."
Er bringt Robin ins Bett und deckt ihn zu.
Dann macht Papa das Licht aus.

Doch Robin kann nicht schlafen.
Wo ist Tiger Tom, sein Schmuse-Tiger?
Robin macht Licht. Tom liegt am Fußende.
Robin legt den Tiger neben sich.

Dann deckt Robin Tiger Tom gut zu.
Robin wünscht dem Tiger eine gute Nacht.
Er löscht das Licht und schließt die Augen.
Robin wälzt sich hin und her. Er ist hellwach.

Robin steht auf und holt sein Bilderbuch.
Dann erzählt er Tom eine lange Geschichte.
Tiger Tom will noch eine Geschichte.
Robin gähnt und sagt: „Ich bin zu müde."

Doch Tiger Tom zappelt und strampelt.
Robin ist müde und möchte schlafen.
Er stöhnt: „Lieber Tiger, schlaf endlich ein!
Kleine Tiger brauchen viel Schlaf!"

GESCHICHTEN

von Maria Schmetz

Jans Flugzeug

143 Wörter

Jan ist sauer. Sein Flugzeug ist kaputt.
Das war bestimmt seine Freundin Lena.
Jan will nie wieder mit ihr spielen.

Jan und Benno fahren mit dem Fahrrad.
Die beiden fahren zum Spielplatz.
Auf dem Spielplatz treffen sie Lena.

Lena ruft: „Hallo!“
Jan antwortet nicht.
„Was ist denn?“, fragt Lena erstaunt.
Aber Jan dreht sich um und fährt weg.

Der nächste Tag ist ein Sonntag.
Jan hat immer noch schlechte Laune.
Am Nachmittag steht Lena vor der Tür.

Jan sagt: „Ich spiele nicht mehr mit dir.
Du hast mein Flugzeug kaputt gemacht.“
Das hört Tobias, Jans kleiner Bruder.

Tobias sagt kleinlaut: „Das ist mir passiert.“
Jetzt ist Jan wütend auf seinen Bruder.
Dann sieht er Lena an. Er war gemein zu ihr.

Jan entschuldigt sich bei seiner Freundin.
Lena fragt: „Sind wir jetzt wieder Freunde?“
Jan ist erleichtert und ruft: „Na klar!“

GESCHICHTEN

von Sandy Willems-van der Gieth

Zelten im Garten

153 Wörter

Emily und Henry sind am gleichen Tag geboren.
Sie sind Zwillinge. Heute haben sie Geburtstag.
Vor ihnen liegen große Pakete auf dem Tisch.
„Toll!", schreit Henry, „ein Zelt!" Das Zelt ist blau.
Emily packt Schlafsäcke und Luftmatratzen aus.

Sie bauen das Zelt draußen im Garten auf.
Papa hilft dabei. Die Zwillinge sind begeistert.
Sie möchten heute im Zelt übernachten.
Die beiden blasen die Luftmatratzen auf.
Dann suchen sie ihre Taschenlampen.

Sie packen Kekse, Saft und Becher in einen Korb.
Sie nehmen auch Bücher und ein Kartenspiel mit.
Dann kriechen die beiden in ihre Schlafsäcke.
Sie spielen Karten, knabbern Kekse und lesen.
Schließlich sind beide müde und legen sich hin.

Doch draußen klappert es. Was könnte das sein?
Ob das ein Dieb ist? Quatsch! Diebe sind leise.
Da – schon wieder! Jetzt schmatzt es ganz laut.
Die Kinder öffnen leise das Zelt und schauen nach.
„Eine Igelmutter!", flüstert Emily, „mit ihren Jungen."

GESCHICHTEN

von Maria Schmetz

Der tote Vogel

186 Wörter

„Da liegt was“, sagt Arne.

Nora geht hin und schaut. Da liegt ein kleiner Vogel.

Der Vogel ist schwarz. Sein Schnabel ist gelb.

Der Vogel bewegt sich nicht.

„Das ist eine Amsel“, sagt Nora leise.

„Sie ist bestimmt tot.“

„Was machen wir jetzt?“, fragt Arne seine Freundin.

Die beiden überlegen.

„Wir können sie begraben“, schlägt Nora vor.

Das ist eine gute Idee.

Die Kinder holen zu Hause eine schöne Schachtel.

Sie legen den Vogel hinein.

Mit einer kleinen Schaufel graben sie ein Loch.

Sie legen die Schachtel rein.

Dann streuen sie die Erde wieder auf die Schachtel.

Das Grab sieht nackt aus.

„Ein Grab braucht Blumen“, sagt Nora.

Arne meint: „Und einen Stein auch.“

Die Kinder schauen sich um.

Nora pflückt bunte Blumen. Arne sucht einen Stein.

Sie schmücken das Grab.

Arne legt den Stein darauf. Nora legt die Blumen hin.

„Das ist ein schönes Grab“, sagt Nora und schnieft.

„Hm“, sagt Arne und nickt.

„Gibt es einen Vogelhimmel?“, fragt Arne seine Freundin.

„Ganz bestimmt!“, sagt Nora.

„Da geht es dem Vogel gut“, sagt Arne und schaut hoch.

„Hm“, sagt Nora und lächelt.

von Maria Schmetz

Das Socken-Monster

189 Wörter

Caros Mama ist sauer! Stinksauer!
Jede Woche muss sie neue Socken kaufen.
Von jedem Paar Socken verschwindet immer eine.
Caro hat dafür jedes Mal eine neue Erklärung.

Caro hat gelesen, dass es Socken-Monster gibt.
Die stehlen nachts Socken und fressen sie auf.
„Caroline“, sagt Mama streng, „erzähl keine Märchen!
Räum dein Zimmer auf. Dann findest du die Socken.“

Caro mag nicht aufräumen. Sie findet es gemütlich,
wenn in ihrem Zimmer überall Sachen herumliegen.
Und Mama? Die weigert sich, neue Socken zu kaufen.
Caro soll ab morgen verschiedene Socken anziehen.

Caro findet Mamas Idee blöd. Zwei verschiedene Socken!
Da lachen ja die Hühner und alle Kinder aus der Klasse.
Vielleicht hat das Socken-Monster die Socken versteckt
und noch gar nicht gefressen. Genau – so wird es sein!

Caro will dem Monster die Socken wieder abjagen.
Sie schleicht ganz vorsichtig durch ihr Kinderzimmer.
Da – unter dem Sessel findet sie eine blaue Socke.
In der Spielzeugkiste liegt eine rot-geringelte Socke.

Sogar im Schrank hat das Monster Socken versteckt.
Am Morgen kommt Caro gut gelaunt zum Frühstück.
Mama schaut erstaunt: Caro trägt zwei gleiche Socken!
Caro grinst: „Ich habe das Socken-Monster überlistet.“

GeSCHICHTeN

von Maria Schmetz

Pavels Rakete

211 Wörter

Der Wecker klingelt: Brrrrr … Pavel wälzt sich im Bett.
Und wieder: Brrr – brrr – tschüü … Pavel dreht sich um.
Brrr – tschüü … Schon düst Pavel auf einer Rakete davon.
Pavel fliegt an vielen Sternen vorbei durch das Weltall.

Tschüü – brrr … Schon landet Pavel auf einem Planeten.
Hier sieht alles anders aus. Der Boden ist schwarz und hart.
Es gibt kein Gras, keine Blumen, keine Bäume, keine Sträucher.
Es gibt nur Staub und Steine. Huch – was bewegt sich da?

Kleine, rostige Dosen-Männchen springen überall herum.
Es klappert und scheppert wie auf einem Schrottplatz.
Rostige Stimmen plappern. Die kleinen Antennen wackeln.
Da – schon haben einige Dosen-Kerle Pavel entdeckt.

Sie klettern flink an ihm hoch. Sie kitzeln, zwicken und beißen.
Die Kerle ziehen an Pavels Haaren. Sie bohren in seiner Nase.
Pavel schüttelt sich heftig. Doch die Kerle klammern sich fest.
Vor lauter Angst brüllt Pavel wie ein Löwe: „Uuaahh! Uuaahh!“

Da zittern alle Antennen auf den wackligen Blechköpfen.
Wie vom Blitz erschlagen fallen die Dosen-Kerle zu Boden.
Pavel rennt in Panik zur Rakete und hebt ab: Tschüü – brrr …
Brrr – tschüü … faucht die Rakete. Da stimmt was nicht!

Pavel reibt sich die Augen. Da steht Mama an seinem Bett.
Sie schimpft: „Hörst du nicht, dass dein Wecker klingelt?“

von Maria Schmetz

Rolltreppe

38 Wörter

Im Kaufhaus
fahre ich munter
Rolltreppe rauf
Rolltreppe runter.

Ich fahre und rolle,
auch wenn ich nix kauf',
Rolltreppe runter,
Rolltreppe rauf.

Die Rolltreppe läuft,
sie rollt von allein.
Und ich rolle mit,
das finde ich fein!

GeDICHTe

Mit Buchstaben zaubern

74 Wörter

Mit Buchstaben zaubern,
ist gar nicht schwer.
Spitze die Ohren
und höre gut her!
Du nimmst einem Wort
einen Buchstaben fort
und zauberst sodann
einen neuen daran.

Aus einer Maus
zauberst du ein Haus.
Aus einem Tuch
machst du ein Buch.
Aus einem Fisch
wird im Nu ein Tisch.
Und aus der Suppe
wird – schwups – eine Puppe.
Und aus dem Wurm
wird einfach ein Turm.
Mach du weiter!
Das wird heiter …

GEDICHTE

Bitte nicht stören!

86 Wörter

GeDIChTe

Pst! Bitte nicht stören!
Ich möchte gern hören,
wie die Regentropfen
an mein Fenster klopfen.

Pst! Bitte nicht stören!
Ich möchte gern hören,
wie der Wind flüstert
und das Feuer knistert.

Pst! Bitte nicht stören!
Ich möchte gern hören,
wie die Äste knarren
und die Hühner scharren.

Pst! Bitte nicht stören!
Ich möchte gern hören,
wie die Amseln singen
und die Glocken klingen.

Pst! Bitte nicht stören!
Ich möchte gern hören,
wie die Bienen summen
und die Käfer brummen.

Pst! Bitte nicht stören!

Was ich mag und was nicht

97 Wörter

Ich mag Schokolade
und Erdbeermarmelade.
Ich mag gern Sauerkraut.
Nur – Pudding mit Haut,
den mag ich nicht!

Ich mag gern malen
und rechnen mit Zahlen.
Ich mag Bleistifte spitzen.
Nur – nachsitzen,
das mag ich nicht!

Ich mag mich verstecken
hinter Bäumen und Hecken.
Ich mag tanzen und singen.
Nur – vom Drei-Meter-Brett springen,
das mag ich nicht!

Ich mag meckernde Ziegen
und Stubenfliegen.
Ich mag schleimige Schnecken.
Nur – beißende Zecken,
die mag ich nicht!

Ich mag Oma Lene
auch ohne Zähne.
Ich mag die Verwandten.
Nur – küssende Tanten,
die mag ich nicht!

von Maria Schmetz

Mut tut gut

109 Wörter

Manchmal brauchst du Mut!
Denn du musst dich wehren,
und dich laut beschweren,
wenn dir jemand Unrecht tut.

GeDICHTe

Maike ist empört,
wenn Finn sie dauernd stört.
Sie ruft: „Nein! Nein! Nein!
Lass das gefälligst sein!“

Leon hält nicht still,
wenn Oma Lu ihn küssen will.
Er sagt: „Nein! Nein! Nein!
Lass das gefälligst sein!“

Emma wehrt sich laut,
wenn Frederik sie haut.
Sie schreit: „Nein! Nein! Nein!
Lass das gefälligst sein!“

Jasper macht nicht mit,
wenn Kevin Niklas tritt.
Er schimpft: „Nein! Nein! Nein!
Lass das gefälligst sein!“

Manchmal brauchst du Mut!
Denn du musst dich wehren,
und dich laut beschweren,
wenn dir jemand Unrecht tut.

von Maria Schmetz

Fünf kleine Schweine

135 Wörter

Fünf kleine Schweine
die waren ganz alleine:
der dicke Hans, der dünne Franz,
der lange Leo, der flotte Theo
und der kleine Kugelbauch, der – auch!

Die fünf Schweinchen saßen froh
und vergnügt im warmen Stroh.
Gemütlich war's im Schweinestall.
Doch was kam da mit einem Mal
auf acht Beinen angerannt?
Eine Spinne an der Wand!

Der Hans, der rief: „Ich fürchte mich!"
Er rannte fort, versteckte sich.
Franz schrie: „Ich ängstige mich sehr!"
Er sprang dem Hans gleich hinterher.
Auch Leo zögerte nicht lange,
denn ihm war schrecklich bange.

Er lief, so schnell er konnte, weg
in ein sicheres Versteck.
„Eine Spinne! Welch ein Graus!
Oh, das halte ich nicht aus!",
grunzte Theo ganz entsetzt.
So ist er auch davongewetzt.

Und was tat Kugelbauch, der kleine?
Er lachte und blieb stehn – alleine!

von Maria Schmetz

Hasen-Freundschaft

160 Wörter

Schau dort im hohen Grase,
da sitzt ein kleiner Hase
mit einem schlappen Ohr.
Das kommt dir seltsam vor?
Er wurde ständig ausgelacht.
Da hat der Hase sich gedacht:
„Das halte ich nicht aus."
So nahm er denn Reißaus.
Jetzt sitzt er da und weint,
obwohl die Sonne scheint.

Da raschelt es im Grase.
Vorbei kommt noch ein Hase.
Der stupst ihn an und fragt:
„Was bist du so verzagt?
Sag mir, was dich bedrückt."
„Ach je, mein Ohr ist abgeknickt.
Darüber lachen alle Hasen
Und sie rümpfen ihre Nasen.
Das finde ich ja so gemein!
Ich will kein Schlappohr-Hase sein!"

Da sagte ihm der andere Hase:
„Schau nur, meine schiefe Nase.
Alle finden die zum Lachen.
Da kann ich auch nichts machen.
Komm, wir wollen Freunde sein,
dann sind wir beide nicht allein."
Der Schlappohr-Hase freut sich sehr.
Er ist kein bisschen traurig mehr.
Er freut sich, dass ihn jemand mag.
Nun treffen sie sich jeden Tag.

von Maria Schmetz

Verhalten bei Gewitter

121 Wörter

Normaler Regen ist unterwegs zwar unangenehm,
aber nicht gefährlich.

Anders ist das bei Gewitter.
Wenn man von einem Blitz getroffen wird,
ist das sogar lebensgefährlich.
Und ein Blitz kann auch ein Feuer entfachen.

Bleibe bei Gewitter nicht auf offenem Gelände!
Der Blitz schlägt immer an der höchsten Stelle ein.
Also solltest du dich nicht unter einen Baum stellen.
Auch Wasser musst du meiden.

Sicher bist du in einem Haus oder einer Hütte,
im Auto oder unter einer Brücke.

Wenn es weit und breit keinen Unterstand gibt,
gehe in die Hocke und stelle die Füße eng zusammen.
Lege auch deine Arme und Beine eng an deinen Körper.
So bist du auf freier Fläche am besten bei einem Gewitter geschützt.

Notruf und Polizei

122 Wörter

Wenn man einen Unfall hat oder Zeuge bei einem Unfall ist,
muss man ihn melden.

Das bedeutet, dass man den Notruf 112 wählt
und die Fragen beantwortet, die gestellt werden.

Also was wo genau passiert ist.
Es wird gefragt, ob es Verletzte gibt und ob noch Menschen
oder Tiere in Gefahr sind.

Die Meldestelle leitet die Informationen an den Rettungswagen,
die Feuerwehr und die Polizei weiter.
So kommt möglichst schnell Hilfe.

In ganz Deutschland gibt es eine einheitliche Telefonnummer,
unter der man die Polizei erreichen kann: 110.

Diese Nummer kann man auch anrufen,
wenn man einen Unfall hat und einen Rettungswagen braucht.
Denn auch diese Leitstelle kann Feuerwehr,
Polizei und Rettungswagen alarmieren.

Die allgemeine Notruf-Nummer in Europa ist 112.

Burgen

146 Wörter

Schon die ersten Burgen wurden gebaut,
um sich vor Angreifern zu schützen.
Man suchte sich einen Platz in der Landschaft,
der einen natürlichen Schutz bot.
Von ihm aus sollte man sehr früh Feinde entdecken können.
Deshalb baute man Burgen oft auf Hügeln.
Wichtig war auch, dass die Burgbewohner Wasser hatten,
zum Beispiel eine Quelle.
Häufig wurden Burgen in der Nähe von Bauernhäusern
und Handelswegen errichtet.
Die ersten Burgen wurden aus Holz gebaut.
Sie bestanden oft nur aus einem Turm.
Um die Burg herum wurde meist ein Erdwall errichtet.
Manchmal wurden Burgen auch in Höhlen hineingebaut.
Wasserburgen waren ganz oder zum größten Teil von Wasser umschlossen.
Burgen waren wichtig als Schutz der Bewohner.
In ihnen lebte der Herrscher, zum Beispiel ein Graf oder ein Ritter.
Von der Burg aus kümmerte er sich um das gesamte Gebiet.
Es wurden Steuern eingezogen, Streitereien geschlichtet,
Täter verurteilt und bestraft.

Die Körpersprache der Katzen

176 Wörter

Katzen miauen, fauchen und schnurren nicht nur.
Sie sagen vor allem über ihren Körper, wie sie sich fühlen und was sie wollen.

Vieles sagen sie über ihre Augen.
Katzen mögen es zum Beispiel nicht, angestarrt zu werden.
Das ist für sie ein Zeichen, gleich angegriffen zu werden.

Auch mit ihren Ohren sagen Katzen viel.
Wenn sie aufmerksam sind und zum Beispiel auf ihre Beute lauern,
richten sie ihre Ohren starr nach vorn.
Sind Katzen ängstlich oder aggressiv,
legen sie die Ohren seitlich an.
Eine entspannte Katze bewegt ihre Ohren langsam hin und her.
So verpasst sie kein wichtiges Geräusch.

Besonders viel erzählt der Schwanz der Katze.
Wenn die Katze verärgert ist, zuckt die Schwanzspitze.
Ist sie richtig wütend,
schlägt der Schwanz kräftig hin und her.
Das ist eine wichtige Warnung.

Begrüßen sich Katzen, stupsen sie sich nicht nur mit der Nase an,
sondern richten ihren Schwanz auch hoch auf.

Erschrickt eine Katze oder fühlt sie sich bedroht,
bauscht sie ihren Schwanz auf und macht einen Katzenbuckel.
So wirkt sie größer und bedrohlicher.

von Aileen van Lipzig

Der Gepard

177 Wörter

Der Gepard kommt heute nur noch in kleinen Teilen Afrikas und Asiens vor.
Am liebsten leben Geparde im hohen Gras.
Auf kleineren Hügeln halten sie Ausschau nach Beute.

Der Gepard hat viele Flecken auf seinem Fell.
Diese sind klein und ganz schwarz.

Das Gesicht des Geparden hat keine Flecken.
Dafür hat er von jedem Auge bis zum Mundwinkel einen schwarzen Streifen.
Das sind die Tränen-Streifen.

Durch die Flecken ähnelt der Gepard dem Leoparden und dem Jaguar.
Sein Körper sieht aber ganz anders aus als bei allen anderen Katzen.
Der Gepard ist sehr schlank und hat lange, dünne Beine.

Er hat im Vergleich zu anderen Katzen auch einen sehr kleinen Kopf
und einen recht langen Schwanz.
Ein weiterer Unterschied ist,
dass der Gepard seine Krallen nicht ganz einziehen kann.

Der Gepard ist das schnellste Säugetier an Land.
Er kann bis zu 100 Kilometer pro Stunde schnell rennen.
Da könntest du mit deinem Fahrrad nicht mithalten.
Diese Geschwindigkeit kann der Gepard aber nur für kurze Zeit halten.
So schnell rennt er zum Beispiel hinter seiner Beute her.

Feuerwehr

192 Wörter

So verhältst du dich bei einem Feuer richtig:
Bei einem Brand musst du immer einen Erwachsenen holen
oder die Feuerwehr anrufen.
Versuche nie, selbst das Feuer zu löschen!
Wenn es im Haus brennt, verlasse schnell den Raum und hole Hilfe.
Ist schon ganz viel Rauch im Zimmer, lege dich schnell auf den Boden
und krieche aus dem Zimmer. Rauch steigt nämlich immer nach oben.

Die Feuerwehr soll vier Haupt-Aufgaben erfüllen:
Retten – Löschen – Bergen – Schützen,
und zwar auch in dieser Reihenfolge.
Denn es ist natürlich wichtiger, die Menschen
aus einem brennenden Haus zu retten als das Haus selbst.
Erst wenn alle Menschen und Tiere in Sicherheit sind,
wird das Feuer gelöscht.

Nur bei etwa jedem fünften Einsatz der Feuerwehr

geht es wirklich um Feuer.
Ansonsten ist sie oft bei Unfällen im Einsatz und leistet technische Hilfe.

Bei Unwettern sind die Feuerwehrleute unterwegs,
um umgestürzte Bäume wegzuräumen und Keller leerzupumpen.

In Deutschland gibt es etwa 23 500 Feuerwehren.
Zurzeit sind etwas über 100 davon Berufs-Feuerwehren.
In den meisten Städten gibt es eine Freiwillige Feuerwehr.

Diese Feuerwehrleute haben noch einen anderen Beruf
und werden im Notfall benachrichtigt.

Sie müssen Tag und Nacht einsatzbereit sein.

von Sandy Willems-
van der Gieth

Der Löwe

202 Wörter

Der Löwe ist die zweitgrößte Katze der Welt
und in Afrika das größte Raubtier, das auf dem Land lebt.
Er kommt sonst nur noch in einem kleinen Teil Indiens vor.

Ein Löwen-Männchen kann etwa 1,20 Meter groß
und bis zu 2 Meter lang werden. Mit seinem Schwanz ist es noch länger.
Über 200 Kilogramm wiegt ein Löwen-Männchen.
Weibchen sind kleiner und leichter.

Löwen haben ein kurzes, sandfarbenes Fell.
Die Mähne der Löwen-Männchen kann braun, rötlich oder schwarz sein.
Sie schützt den Löwen bei Kämpfen gegen andere Männchen.
Die Farbe der Mähne zeigt an, wie gut es dem Löwen geht und wie stark
er ist. Die Mähnen von starken, gut genährten Löwen sind sehr dunkel bis
schwarz und auch besonders lang.
Löwen-Männchen mit solchen Mähnen finden leicht Weibchen.
Sie sehen so auch gefährlicher aus.
Deshalb gehen ihnen andere Männchen lieber aus dem Weg.
Erst mit 5 Jahren hat ein Löwen-Männchen eine vollständige Mähne.

Löwen-Weibchen haben keine Mähne.
Sie gehen öfter auf die Jagd als Männchen.
Dabei stört die Mähne nur, weil sie sehr schwer ist.

Typisch für Löwen ist ihr Schwanz.
In seiner Spitze versteckt sich ein scharfer Knochen.
Warum Löwen diesen Knochen in ihrer Schwanzspitze haben,
weiß man bisher nicht.

von Aileen van Lipzi